JN439733

시월의 정

사월의 정

초판 1쇄 인쇄 | 2011년 9월 19일
초판 1쇄 발행 | 2011년 9월 23일

지은이 | 김 영 순
발행인 | 윤 영 희
주　간 | 이 은 별

발행처 | 도서출판 동행
출판등록 | 제2-4991호
주　소 | 서울시 중구 을지로 3가 302-18 난빌딩 303호
전　화 | 02-338-2734, 2285-0711
팩　스 | 02-338-2722

정가 8,000원

ISBN 978-89-94227-36-8 03810

김영순 시집

시월의 정

동행

머릿말

올해는 봄이 오는가 싶었더니 어느새 나무엔 검푸른 잎이 피어 일찍 시작된 장맛비에 양쪽 뺨을 내주어 한여름을 맞이 하고 있습니다. 오래된 사진을 꺼내보는 마음으로 원고를 내어 보았습니다. 오고가는 세월 속에 잊혀졌던 것들이 앨범 속엔 비밀 아닌 비밀처럼 이곳 저곳에 혼자만 간직하고 싶은 행복으로 있습니다. 신이 인간에게 준 가장 감동적인 언어가 있다면 그것은 바로 시일 것입니다.

우리의 일상은 너무나 바쁘고 무미건조하게 돌아가고 있다고 생각합니다. 이런 요즘의 삶에 어느 한 부분이라도 윤활유가 되길 바라며 그리 멀지 않았던 시간의 사진들을 먼지 툴툴 털어 내놓는 맘으로 졸작을 내놓습니다.

귀촉도란 새는 밤을 새워서 운다고 합니다. 그 새는 울적

마다 목에서 피를 토해 내고 또 그 피를 먹고 울고 수없이 반복한다고 합니다. 시인이 시를 쓰는 작업이 이런 일이 아닐까 하고 생각해 봅니다. 아주 작은 시간이라도 여기의 시를 읽으며 마음속에 행복을 찾아가는 여정에 잠깐의 여유 있는 시간이 되시길 기대합니다.

가족들과 주위에서 여러 모로 응원을 해준 지인들에게도 감사를 드리며 늘 아름답고 행복한 시간들이 내내 함께 하시길 바랍니다.

시집을 묶어주신 도서출판 동행과 또한 일부를 보조해준 안산시에도 감사를 드립니다.

2011년 初夏에 장마가 시작되던 날
지은이

CONTENTS

2 여름

CONTENTS

3 가을

4 겨울

1

봄

하늘 · 1

누굴 위하여도
그 복된 문을 닫은 적이 없는

가을
봄
여름
겨울

청명한 하늘의 눈망울 속에
내가 서서
푸른 하늘을 안아보면

지워도 지워도
서려나는 무지개

가난한 마음속엔
끝없이 뻗어가는 빛이었다

하늘 · 2

파란 심장의 언저리를 스며드는
잠들고 싶은 고향

너를 맞으러 창가에 선다

꽃잎은 피고 지고
흐르고 흘러간 구름의 합창

뭉클거리는 푸르름에

어머니…

손을 펴 하늘을 안아보고
청잣빛 호흡에 젖어

내 마음은 익는다

봄꽃

하늘이 열리고
가랑비 뿌리던 날
큰언니
멀리 미국으로 이민을 가고
손꼽아 소식을 기다리시던
우리 엄마 가슴처럼
잔디는 파릇파릇
영롱한 눈망울로
솟아 오른다

까맣게 잊어버렸던 빈터에도
밤 사이에
불쑥 솟은 싹은 머리를 내밀고
새록새록
봄볕으로 살찌는 계절
선잠 깬 개나리꽃 눈 언저리엔
버얼써 하늘의 꽃들이
활짝 피어 있다

4월의 죽음

갈 수 있는 곳으로
달려가는 기쁨은

앞서 줄지은 사람의
축복
호흡이 꽃이 되고
열매의 새싹은 자라고

살아가는 것은
서걱이는 바람 소리와
반짝이는 물보라

끝은 정해진 것
간다고
갈 수 없는 것

꺾일 수 있는 것이
아픔보다
기쁨의 축복

사랑

당신의
눈길이 닿는 곳에
아지랑이가 피어나고 있습니다

당신의
눈길이 닿는 곳에
겨울 지난
수목에 물오름이 일고 있습니다

당신의
눈길이 닿는 곳에
온통 이른 봄의
연둣빛이었습니다

당신의
눈길이 닿는 곳에
향기 가득한
장미꽃밭이었습니다

오월의 꽃밭

지난 늦가을
햇살자락 여미던 날

밑둥이 잘려
서릿빛 차가운 눈물
마른잎 속에 안기우던
못다 채운 여름의 꿈

이 오월 가슴 헤치고
심장 하나 둘 꺼내 놓고

돌아설 그림자 없어

새벽달 이슬로
남아 있습니다

성묘(省墓)

벚꽃 목련꽃이
흐드러지게 핀 4월

떨어진 목련 꽃잎 속에
당신의 숨결이 보입니다

멀리 떠난 딸들 생각에
밤을 새며
기도하시던
메밀꽃처럼 살다가신 당신은
그리움만 남긴 채
연화장 한켠에서

식어버린 하늘 위에 구름궁전
짓고 계십니다

친정 가는 길

푸른빛 앞세워 축석고개 넘었는데
아직도 서울의 태양이
따르고 있다

영겁으로 향한 시간
풀밭에 잠들고
한치 자란 새잎
5월이 되어 부른다

쟁기 잃은 황소
논두렁에 꾸벅꾸벅 졸고
불화음(不和音)으로 밭을 가는 경운기

굵게 주름진
농부의 이마엔
선한 땀이 얼룩진다

산과 들이 태고를 반추하면
신작로 위엔
내일 치닫는
축복이 넘친다

오월 · 1

종달새 소리에
보리 무르익고

언덕엔 하이얀 아카시아꽃 향기
소리 없이 날리는
꿈 같은 오월

푸른 이끼낀 바위 틈으로
실낱 같은 냇물은 흐르고

먼언산 고개 넘어온 곱다란 바람
윤기 흐르는 오월
파도를 탄다

오월 · 2

풀잎 속에 해가 피어
안개는 산마루를 넘는다

긴 날을 기다려 접어 둔 마음
하늘처럼 펴
눕는 숲 그늘

등꽃 지는 오월

언약(言約) · 1

겨울이 보내준 초록빛
향기 듬뿍 안은
산자락 한 모퉁이에
자목련 한 그루
백목련 한 그루 심었다

해년마다 4월이면
꽃잎이 하나씩 둘씩 문을 여는
소리에
꿈을 담으려 했다

뜬금없는 이야기
시처럼
설화처럼
겨울바람 속에 묻어올 때
기다림의 인내로 하루
또 하루를 버틴 것은

자줏빛 뽀얀 빛으로
토해내는 4월
언약의 믿음으로
하이얀 해빛이 쫙 깔린
아담한 정원에

깊게 뿌리내려 꽃 피울 것을

소쩍새 슬피우는 그믐밤
古木에게 잘리웠다

까만 울음으로 돌아간
언저리엔
다시 돋는 봄에도
새순 한 잎 피지 못하고

숲속 한켠
웅크린 뿌리 위엔
무성한 잡초만
연둣빛으로 엉키어 있다

언약(言約) · 2

고목에 달이 걸려 있는 것처럼
정적이 스미는 한 곳에 목을 매달고
사랑을 이야기하며
서로의 귀에다 자장가를 불러 주자

권태가 아직까지 표백이 안되었지만
내일이란 것이 춤을 추지 않을지도 모르니

먼 곳에서 하나의 그림을 감상하는 기분으로
흥겨운 마음을 갖자
노래를 하자
그리고 웃어 주자

목련화가 달을 담아 창백한데
서로의 가슴도 언젠가는 창백해질 것이다
세상은 우리들 마음속에
하루와 오늘의 의미를 뚜렷이 이야기한다

서로의 가슴에 노래를 불러 넣어 주자

목련

거기에는 항상 따뜻한 햇볕이 든다
건강한 아이들의 소란함이 있다

유리창을 통해 바라보는 숲, 나무, 까치집
지금은 신록이 한창이다
목련나무가 잘 자라는지
매일 그곳에 가본다

때론 비를 맞으며
때로는 바람에 흔들리며
목련은 마주보고 서 있다

가지 끝에 매달린 순백의 꽃은
푸근한데도 차갑게도 보인다

그저 생각이 궁색하여
이파리가 언제나 나올런지
괜한 걱정을 하며 우두커니 서 있다

4월의 편지

빛이 부신 연둣물에
흰 목련과 같은
드레스를 입었소

진달래 화관을 쓰고
개나리
꽃다발을 가슴에 품었소

소록소록 움트는
은파의 행진곡을 안으며

어둠에 연둣물 드리울 때
동남풍에 연지향 보내우며

제비꽃 핀 오늘도
금가락지 걸린 하늘 보며

칠보단장
황진이가 되었소

3월의 바람

3월의 바람은
봄처녀 나들이 가는
치마폭 소리
얼어 붙은 밭고랑 사이
지각을 뚫고 일어서는
보리싹의 하품 소리

3월 바람은 은빛
아지랑이와 함께 온다
마른 나무 끝에 새들의 노래 걸리고
황소 기침 소리
외양간에 머무는 새벽

3월 바람은 겨울이 가는
발자욱 소리다

그리운 사람들

봄이면 온 동네가
벚꽃 잎으로 하얗게 꽃눈이 내리고

여름이면 지붕마다
잎사귀에 숨어 열려 있는 호박

밤이면 밤마다
모깃불 피우고
옥수수 감자 쪄서 먹고

방문도 사립문도
열어 놓고 잠자던

정과 평화를
애인처럼 사랑하던
순박한 마을 사람들

앞뜰 평상에 모여
정치담을 하며
영웅(英雄)과 호걸(豪傑)을 찾던
푸른 별을 안고 있는

그리운 사람들

3월의 나무

밤새 내린 비에 찌든 겨울 먼지 씻긴
앙상한 가지에서 생명을 내미는 소리가 들린다
이제 나무는 연초록진 잎사귀를 만들고

다시 검푸른 7월과 낙엽을 동경하며
짧은 추억의 꿈을 엮어 가고 있다

연화장

生命(생명) 깊은 곳에
號哭(호곡)의 소리 있어
가슴마다 눈물로 샘을 푼다

落葉(낙엽)처럼 떨어져간 人生(인생)이
한줌 흙으로 돌아가는 순간
봄의 싹이 원망스럽다

사랑이 그리움되어
精(정)으로 솟아나는
午後(오후)의 葬災場(장재장)

어제까지 살아 움직이던 삶이
오늘 연기로 피어오르는
虛無(허무) 속에

生(생)과 死(사)의 갈림길이
模糊(모호)하다

오늘
無心(무심)한 한 그루의
나무이고 싶다

4월의 꽃 그림자

해맑은 개나리 걸음걸이
목련 그림자 친구삼아

연인의 모습
보고픔에
동상의 연인이 되어

진달래꽃 밀리우는 눈물 같은 슬픔
조각난 회색 하늘의
마음자락 되어

움트는 새순의 목쉰 자장가로
까만 아스팔트 위에 젖은 가슴 내려놓고
짙은 웃음 향긋이 품고

무늬 놓은 파란 하늘빛 다정한 눈짓
바람의 속삭임을 꿈을 꾼다

추억

숲 사이로 낙엽을 밟으며
못 잊어 떠오른 옛 생각

피부에 와 닿는 가을바람
꽃망울 피듯 흐르는 구름
예전과 다름없이 떠나고

단풍진 낙엽마다
허기졌던 날들이
잎잎이 새겨져 이리저리 흔들리고

빛바랜 슬레이트 지붕
흐물거리는 생각
묻어둔 이야기처럼 잡초만 무성한데

뻐꾸기는 울며 날아가 버렸다

아직도
가시지 않은 한 묶음의 추억은
되살아 꿈에 보이는데

잃어버린 그날들이 하루하루
스러진다

질그릇

뽀얀 목덜미
무명실 윤기로
검게 내려앉은

저고리 앞섶과 같은 당신

흰 거미줄로
기러기 잡는
다신 가슴

언제나
백목련 자목련이고
5월 볕에 빼앗긴

라일락 향기 같은 당신

2

여름

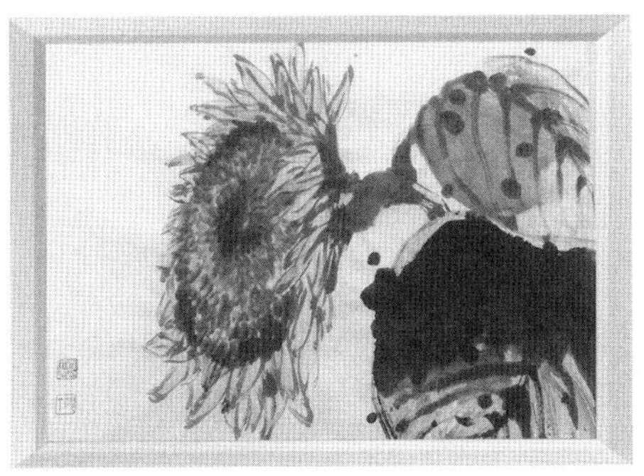

속초 바다 앞 찻집에서

신비한 노를 남기면 돌아오는 물살은
살포시 둥글게 커가는 사랑 같은 것
추억 같은 것

한 번은 기뻤던 사람
한 번은 슬펐던 사람이 모여서 기도를 올리면
벌써 시간은 가고

엇갈린 레일처럼 부산한 귀로에서
친구의 믿음을 잃었을 때
떠나간 이들이 생각날 때
부서지는 물결을 찾는다

수평선의 제한된 공상 끝에서
사라진 기억을 더듬어 가는 사람들

바다 앞 찻집에서 바다를 보면
세상은 작은 마트
그렇게 밀려다니는
머언 허상을 둘러싸고

고요히 짙어가는 저녁 어스름은
여름날 속초 바다 위에 몸을 뉘고 있다

생각

소나기라도 마구 쏟아진 후에 땅에 물이 흐르는 개울이 있었으면 한다
사막도 아닌 여기가 자꾸 가물어 타는 목을 가지고 물을 기다려야 하나
갈증이 나날이 겹쳐 오면 까맣게 잊어버리고 나비 한 마리도 없고 물 한 모금에 목을 매는 서러운 대지가 된다
산이 무너지고 나무와 바위를 온통 홍수가 푸른 바다로 쓸어간 황량한 벌판에 다시 움이 돋으면 푸른 하늘이 보이고 냇가에 조약돌이 보이는 맑은 물이 흘러갈 수 있을까
가뭄이 가고 새도 날고 나비가 춤을 출 그날을 위하여 뻐국이는 숲속에 매인 가슴을 풀었다
그리움이 쌓여 솜구름이 피어나면 소나기를 쏟아 보고 번갯불을 켜보고 천둥으로 통곡할 그날 그리움 하나만을 바람 속에 보낸다

배회

아무 한 사람
찾아오지도 않고

그 아무 한 사람
나란히 함께 울어 주는 이조차 없다

크게 소리쳐 불러볼 하늘도 없고
미친 듯 줄달음칠 어느 벌판도 없다

모두들 저마다 날듯이 가버린
여기
먼지처럼 뽀얗게 저무는 거리

돌아서선 하얗게 웃어버렸는데
작은 어깨는 자꾸 무거워진다

이제 약속도 모두 잊어버렸는데
아직도 이렇게 기다리고 있는 것일까

마지막 하나 남은 조그만 기다림
새하얀 전설로 누르고

바래움이 묻혀 날리는 6월
아무도 없는 텅 빈 골목길을
걸어가고 있다

나는 당신의

나는 당신의 애제자가
되고 싶음에
몸부림도 바람이듯 불어 보았습니다

나는 당신의 귀함 있는
자녀가 되고 싶음에
전깃불 아래 촛불로도 서 있어 보았습니다

나는 당신의 은혜로운
삶이고 싶어
모래알 속에 빛나는 유리알도 되어 보았습니다

나는 당신의 사랑 안에
있고 싶음에
용광로의 쇳조각이 되어 보았습니다

모두가 나의 당신은
언제나 은빛 날개로 있습니다

끝이 없는 당신은 흰빛 그리움으로…

왜 나는 웃는가

목이 마르기에
물을 찾듯이

이토록
어지러운 삶들이기에
목말라 하늘과 바다를 빈손으로 쓰다듬는다

바로 열흘 전
삼계탕 갈빗살까지
가지런히 살을 발라 목에 삼켰던 그가

까만 사각 틀에 엷은 미소로
맞아 주었을 때
가늠 못한 마음 울컥 내려앉는다

그것처럼
서러운 이야기가 다투던 눈물
이미 마른 눈가엔
이슬 맺힐 리 없다

멍하다 못해 이젠
홍겨워지려는 마음을 안고

목 타오르는 생활 속에서
오늘 아니면 내일
내일 아니면 모레로 문질러 가며

하늘 속의 구름을 뽑아내듯이
잡아보고 잃어보고

목마르기에 물을 찾듯이
아, 웃어 보고 웃어 본다

귀뚜라미

이처럼 구슬픈 노래가
당신에겐
그처럼 못마땅하십니까

풀잎에 영롱한 이슬을 맺고
달빛이 좀 더 푸르고 차가웁기엔
구슬픈 이 노래가 있어야 하지 않겠습니까

고향 잃은 뭇사람들과
외로운 사람들을 위하여
이처럼 엮어진 가락을
베풀어야 하지 않겠습니까

한낱 조그만 생명을
가여워 하는 애뜻한 가슴으로
창가에 기대어
운명이 소리쳐 우는
눈물어린 호소를 들어 주겠습니까

짓궂은 바람에 어린 낙엽이 뒹구는
쓸쓸한 이 밤
눈물어린 곡조에
귀 기울여 주시겠습니까

입술을 깨물어도
어쩔 수 없는 이 애달픈 울음을

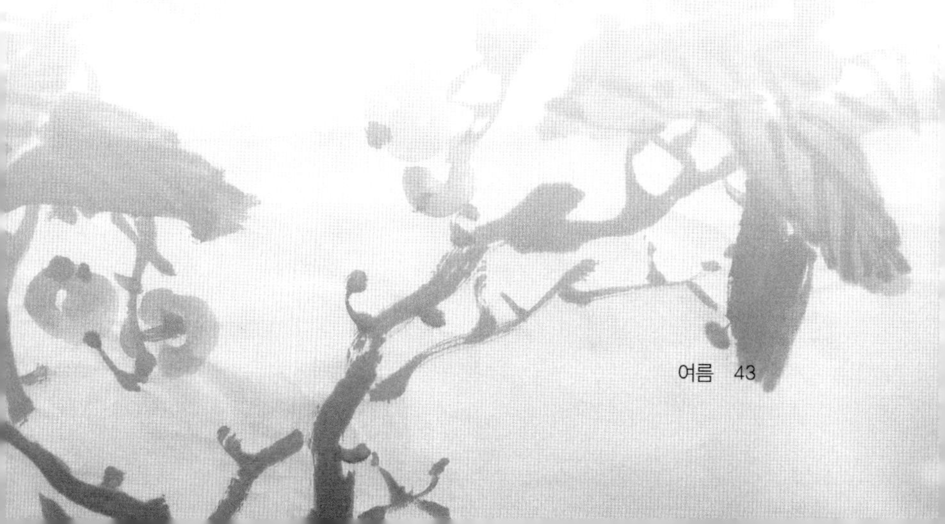

장맛비

햇빛은
퇴색하여 희뿌연한데

날씨
후덥지근만 할 뿐

줄 없는 전봇대는
해를 안고
또 한 바퀴 맴을 돌았다

붉은 장미가
빛을 잃고
뚝 뚝 져버리는

온통 하늘엔
천둥이 으르렁거린다

소나기는
거세게 쏟아져
아스팔트는 터질 듯이 울어댄다

갈망의
투명한 하늘엔
싱싱한 젊은 여름이
고갯짓 한다

백담사에서 · 1

산의
그윽한 품안에
안기었다

산의
그 웅장함에
멍하니 황홀했다

세월을 바래고
또 맞고 하는 산의 창연(悵然)함이여

산은
침묵하는 역사의 증인(證人)이다

구름이
또 하나 산봉우릴 스쳐 지나고

몸은 서투른 산 내음새를 마시며
낯선 산길을 버스는
질주한다

백담사에서 · 2

산은

어린 소나무 늙은 소나무
깊숙한 하늘을 향하여
두 팔을 벌려 환영한다

자욱한 여름 안개를
담뿍이 안은 가지엔
내일의 보람을 키워내고

그 포근한 숨결은
시인에게
검푸른 녹색의 이야기를 전한다

바위마다 겹겹이
뭇사람들의 소원과 사연을 담는다

시인은 감격에 넘쳐
울창한 내일을
조용히 생각한다

장마
–TV 속에 국회

풀꽃들이 허리 꺾여
토해낸
속 창자의 그것들이
누런 색으로 떠밀리고 떠밀려
가고 있다

물의 전쟁이 시작됐다
긴장과 테크닉의
줄다리기를 하고 있다

땅 속 비밀이 튕겨져 나와
삼키고 할퀴고 세상사의
그것들을 탐내고 있다

묻고 감추고 할 곳이 없어
숨박꼭질하며

청 청 버럭 소리질러
한 번에 평정시킨다

여름날에

선풍기 바람이 열을 토해내는 시간
땅 속의 열기가
온갖 것에 열정을 뿜어내고 있다
열정이 땅으로 스며드는 날
가을의 열매도 열정으로 남는다
흩어짐이 없이
한 가닥의 오차도 없이
시간 속에 채울 열정은
채워져 가고 있다
머릿속에 그 열정으로
뿌연 물이 가득 고여
감기약 한 알에
한 방울 두 방울 살갗 위로
토해내고 있다

갯벌의 바다

풀어 헤친
여인의 가슴 위에
수많은 언어만이 남아 있는

드문드문 망부석의
응시된 긴 물소리 밀려간 곳

동여맬 풀끈
안길 갯바위 없는
이미 생명의
긴 호흡마져 떠나버린

꿈꾸는 큰 그림자 그 넘어
대양의 푸른 날갯짓이
갈매기의 기다림으로
다가올 때

빙하의
긴 물소리는 축배의 잔으로 넘친다

영흥도의 오후

푸른 바다가 밀리어
모두 내 가슴으로 오면
지난날의 잔상들도
모두 잊어버린다

햇살이 부서져
해송 사이로 들어와 누우면
이렇게
잔잔한 영흥도의 오후엔
꿈을 실은 해풍으로
예쁜 행복이 다가온다

사막

안다
그리고
모른다
멀리 푸른 풀포기
보인다
그리고
안 보인다
그리고 또 모른다
보인다
그리고 또 안 보인다
하루 종일
사람 마음 같은
캘리포니아 사막의

신기루

여행

새로운 삶을
늘 찾으면서 떠나고
찾으면서 끝나지

진실해서 지루했던
사랑의 표현도
새로이 하고

장마 속에 우산 없이
서 있는
시간을 사랑하며
떠나온 여행길

어디엘 가면
잊고 잊으며
새로운 사랑을 만날까

이 세상 어디에도
쉴 곳은 없는데…

행복을 찾아
헤매는 동안
늘 놓치면서
사는 게 아닐까?

견딤에 대하여

언덕을 향하여
다름박질하던 숨은
목으로 차오르고

정상의 언덕엔
청동빛 바람이 숨을
맞이한다

평지로
다름박질하는 숨은
기쁨과 가쁨의
엇갈린 생각으로

발을 헛딛고
넘어져 뒹글어
풀뿌리에 상처진다

견디기 위한 숨은
저녁 햇살 빗겨간
오후 6시 30분

강 노을

바람이 스칠 때
내음에 고독했습니다

햇살이 부실 때
안타까움에 가슴은 부서지고

가슴에 남아 있는
여린 보랏빛마저
이슬 맺힌 두 가슴으로

붉은 하늘로 드리운
달 그림자로 있습니다

초저녁

엷은 순간을 지녀 소멸돼 가는
시간

어둠이 쓸고 온 오늘을 씹어야 하는
허허로움이 내려앉는 차도

하얀 습성이 핥고 간 윤곽을 더듬어
검푸른 잎은
삶의 권태를 응결시키고 있다

그것은
퇴색되고 찢어진 날개를 매만져 보는
여백의 시간

머언날
느긋한 생존을 위한 떠오르는 생각
빛나는 이유가 존재할 뿐

오래도록 간직될 비밀로
별을 훔쳐보는 사랑하는 습성으로
돌아가는 여름날의 초저녁

사여

한 다발의 꽃으로
너는 지고
오래 생각하였던 사실처럼
쉽사리 잊어버릴 수 없는
머언 기억들이

닫힌 내 마음의 창가에
이슬비를 뿌리는
오늘

너를 피운 은행나무
그 푸른 그늘에서
밀려오는 회한의 그리움이
강물을 이룬다

이미 죽은 네 목숨과
아직 살아 있는 내 목숨의 거리를
그 강물이 흐른다

가끔 강물 소리에
젖어 흔들리는
촛물 같은 영혼을 켜놓고

숨이 질 때까지
조용한 자세로
네게 기도 바치는 나는

오늘 너를 위하는
또 하나의 촛불이 된다

칠월

검푸른 녹음의 껍질 속에
싸리꽃 칡덩굴꽃
연보랏빛으로
칠월은 시작된다

백담사 바위

한 번은 이야기해야 할 절절한 최초의 비밀을 간직한 채
아득한 그날부터 외로움이 쌓여가는 골짜기에
조용히 엎드려 있어야 했다

숱한 계절은 피고 지고 몇 억겁 세월은 흘렀는데
아직도 말 못하는 어설픈 표정으로 숨막히게
아쉬운 기다림으로 견디고 있다

언제가는 무성히 일어오를 분노와 한 번은 하늘을 우러러
대지를 뒤흔들지라도 속으로 가늘게 흐르는 그것은
인고(忍苦)에서 피어난 태고의 향수가
자욱한 여름 안개 속에 싸늘한 빗발로 무언의 이야길 한다

지그시 눈을 감고 뭇사람들의 기도 소리를 침묵으로
대답하는 무게로 조용히 넘쳐가는 묵시의 표정 속에
백담사 계곡의 물처럼 또 다시 세월을 가닥가닥 엮어
한 모퉁이에 쌓아가고 있다

소낙비

내 그리움은
벼랑 끝에 매달린 채

당신의 가슴 한켠
영롱한 물방울로

그것은
하늘 머무는 곳에
만남으로

은빛 머리 풀어
쪽빛 바다 꿈꾼다

3
가 을

낙엽

달빛 사이 사이로
바람을 몰고 온
낙엽들의 노랫소리
낮은 들로 스며 든다

도시의 인정이
여름볕에 쉬어가던
어느날의 추억이
얼룩진 눈망울에
서러운 이슬이 맺힌다

아스팔트 열기로
멍든 가슴 풀어 헤치고
향수에 젖어
고향길
굽어보는 이마에

주름진 물결 일렁이고
계절의 아픈 기억 안고
먼 길 떠나는 낙엽

갈대

윤기가 반짝이던
젊은 시절

그날을 차마
잊을 수는 없겠지

넓고 화려한 문 앞에
휘청거리는 몸을 가누고
기억의 시간 좇아

빈 하늘로 솟아오르는
오랜 꿈들
혼자만이 가는 길이 아니고
함께 가야 할 그 길

바람 붙잡아
여위고 마른 손 내밀어
동행해야 할 당신
다시금 찾아 헤맨다

가을이 보이는 언덕

잡힐 듯 다가오는 가을
소슬바람에 들꽃은 흔들리고
풀벌레들 어디로 떠나는지
이별의 노래를 합창한다

오솔길 따라가던 저녁놀
구름 위에 머물면
들판에 익은 곡식
영롱한 꿈에 취한 채
흐느적거린다

숨가쁘게 도시를 맴돌던 바람
맑은 개천가에서 목을 축이고
눈을 들어 언덕을 바라보면
코스모스를 따라 가을은
먼 길 떠난다

들국화

밭둑에 들국화는 피었다
아낙의 수줍음으로
농부의 순수함으로
푸른 하늘을 향하여

밤이면 별들이 내려와 벗하고
새벽에 내리는 맑은 이슬로
천사보다 더 깨끗하게 단장한
계절의 길목에 보기 드문
오상고절(傲霜孤節)의 열녀

텅빈 하늘, 인적이 드문 밭둑길에
철 잃은 허수아비와
낙엽들도 보헤미안으로
먼 길을 떠나는데
홀로 남아
순교자처럼 겨울을 기다리는
들국화

시월의 정

갈색 마음으로
가로수 밑 수북이 쌓여가는 낙엽을 본다
먼지처럼 뽀얗게 저무는 거리

늦가을 불타던 칸나의 정열이 사라진
껍질만 남기고 돌아가는 계절
속 털어 함께 울어주는 이 없는 시월

몇 자의 문자로 서러운 노래
한 수 날려 보낸다

사모상(思母像)

바람결에 층층이 번져오는
코스모스의 향기

모두가 가버리고 난 빈 터에
바람은 거세어도
따뜻한 노래는 있는데

하얗게 포말 지어 오는 분홍빛은
따스한 어머니 품

저녁 노을은 안고 스러져가도
밤 하늘에 별은 빛나고
홀로 꽃 같은 눈물 속에 하얗게 시들어간

그것은
연한 코스모스 향내가
바람 속에 묻혀 오는 것

이렇게 가슴에 안고픈 마음은
어머니의 노래가 있어서인가 보다

친구에게

예쁜 입술을
한 송이 국화에
문질러 보렴

고층 아파트 높은 지붕 위에 달이 뜨고
월피천에 달이 지고

우리의 눈매에
삶의 서러움이 깃들이면

쓴잔에 술을 붓고
핏줄이 선명하게 보이는 하얀 손을 들어
목젖 안으로 힘 있게 털어 넣어보자

내일을 향한 큰 웃음소리는
땀에 젖은 소매에 배어든다

우리의 아름다운 시절은
이렇게 쓴잔 속에서
너의 눈과 나의 눈에서
일렁거린다

갈대꽃

우수수 무너진 세월 앞에
한으로 피어 있는 바람꽃
산길 한 모퉁이에
길게 목을 뽑고
누구를 기다리다 흰머리가 되었나

휘청거리는 몸을 가누어
하늘을 향하여 울먹이는 모습
덧없는 시간 따라
인생의 고개를 넘는 이의
발길을 멈추게 하는구나

겨울의 체온
세상의 인정
구름 속 달빛
바람의 시간을 앗아간
역사를 한 아름 안고

갈대꽃 너만은 삭막한 하늘을
호올로 지키는구나

코스모스

황혼이 지나가는 풀밭에
기다리며 보낸 나날
그리움은 날개를 달고

호수 위
작은 달 밝은 밤이면
새끼 비둘기 울음 따라
목이 메는 가슴

고운 청잣빛 하늘 아래
눈 속 가득 고여 있는
부르고 싶은 이름

목덜미 스치는
소슬바람 결에
위로만 위로만 휘날리는
사랑스런
코스모스

가을

가을을 걷어버린 들판은 텅 비었다
나뭇잎엔 소리 없이 단풍이 들었다
밤하늘의 별들처럼 가을은
흩어져 앉는다

가을의 노래

풀잎마다 맴도는 이별의 노래
몸부림치던 여름의 전설들이
하나 둘씩 떨어지는
이별의 속삭임이 여기 있습니다

어디론가 떠나야 하는 이별의 아픔이
나뭇잎에 물드는
소슬한 가을입니다

환영식도 없이 왔다가
환송식도 없이 떠나가는
시간의 아린 가슴속에
애절하게 스며드는
추억의 아픔이
뚝뚝 떨어지는 가을이
지금 막 우리 곁을 떠나고 있습니다

아버지께

먼 길 익어가는 계절 위에 서면
그리운 당신

눈발 같은 머리카락 흩날리시며

머언 소롯길에
해 넘은 길에

몇 번이고 정다운 이야기를 되씹으며
자전거를 타시고 가시던 신작로를
바라보며

눈을 감고
그려보는 허허로운 가슴속엔
진회색 구름이
흘러 갑니다

들국화 무더기로 활짝 피어
누렇게 익은 벼이삭과 내기하던 때가
당신의 생신입니다

좋아하시던 막걸리 그곳에도 있는지요?

은행잎

햇빛을 타고와 무수히 분해된
풋풋한 생명이
영원한 시간을 호흡하고
한해를 더듬듯 잠시 머물렀던
천년의 얼룩진 애수

잎
노오랗게
피멍 맺히어 하나로 된 육체
한 모퉁이 황혼 속에서
흩어지는 꿈을 주워
부활의 그날을… 모은다

가을 앞에서

산모퉁이 돌아서 나의 자리로
오늘도 접어들었다

곱던 잎새들 까칠한 등가죽 보이며
어느새 야위어 가고 있다

그늘 커다랗게 드리우고
세상 고단함 내려놓게 하더니

버텨본들 한세상 짧게 보아 한철이라 하더니

창 넘어 토실한 생각 안고서 밤꽃 향기
속으로 내달았던
가슴 앞산에도
수런대며 잎새들 야윈 얼굴로
계절을 갈아입고 있다

하늘 푸르러 그를 보듯 자꾸 쳐다본다
일상의 찌들고 찌든 때 토해 내려고

이제
엉거주춤 안으로 잦아든 우리의 이야기는
그들과 함께 하고 싶은 욕망 앞에
또 다른 세찬 바람이 불어와
쓸어가 주길 기다리고 있다

서 있는 바람

실비 내리던 날
가득히 피운 모닥불

구름 끝
향해 날아오르고
가슴 쪼갤 잔질고
무에서 무로 헤매고

이끼낀 푸른 안개
황혼빛으로 쓰다듬으며
헤아림을 기다리고
그대의 뜰안에 머물고 있는

낙엽, 몸부림

땅

지상의 땅덩어리가 사라지지 않는 한
영원불멸의 운명과 함께
홀로 고독하게 살아야 하는
역사의 증인
울고 싶은 믿음을
넓은 가슴에 남겨 두고
땅 위를 스쳐가는
온갖 역사를 목격하는
힘찬 침묵을 엮고 있다

어머니

어머니와 들길을 가면
가슴이 바다보다 넓어지고

어머니와 산 위에 서면
하늘보다 높아진다

어머니의 별빛을 안고 가는 밤엔
내 노래가 메아리처럼
멀어져 간다

십자가

십자가 앞에
홀로이 섰습니다
늘상의
기도로 심해의 바닥을
고백하고
일어서지만
지울 수 없는 사랑의 아픔이
흰 백지의 낙서로 남아
두려움이 앞을 가리고
불빛의 소리와
가슴의 멀미로
커져 가는 설움
작아져 가는 모습
낯선 언덕에서 불어오는
휘파람 같은
청량한 향기 앞에
다시
기도의 은총이

삶

여기 지금 널 껴안은 채
즐거운 눈물을 흘리는 것은
정녕 죽고 싶도록 살고 싶은
의욕보다 뜨겁고 더 존엄한 사랑이
마음속 깊이 솟구쳐 오르기 때문이다

내 잠 속의 어머니

전화선을 따라와 떨어지는
어머니의 눈물
목소리마다 슬픔이 고인다

허공을 휘젓는 어머니의 손짓 하나에도
우리에겐 눈물이었지요

긴 세월 마디마다 멍이든 시간들
흰 머릿속에 감춰져 지나치고

뒤돌아선 앙금의 시간들
이제 어두운 기억 저편에서
우리들은 당신의 가슴에 눕곤 합니다

어머니의 먼 음성 뒤로
다시
깊은 잠 속으로 빠져듭니다

길

길을 따라 나섰다

길지도 않았던 시간이
훌쩍 떠났고
떠나려고 다가오고 있다
다가온 시간 앞에 두 무릎
꿇어 매달려 본다
갈등과 방황의 앞에서
숨소리 죽여
일상의 욕심을 찾아 동행한다
늘 하루의 시간은
시계 뒤에 숨어 버린다
쫓으려고 하면
늘 붙잡혀 간다
잃고 얻은 것 앞에서
똑같은 반복의 갈등
뿌리쳐 봄도 애씀도
부질없는 욕심

오늘, 내일
모레도

길을 따라서 나선다

4

겨울

정동진

구름과 바다가 갈라지지 않았는데
그 속을 불덩이가 솟아 오른다

일렁이던 물결도
숨을 죽이고
새벽 안개도 바람도
시간까지도 잠시 머리 숙인다

수평선 위에 직선으로 줄을 긋던
물새들도
태양의 주위를 맴돌며
창조의 신비로 노래 부른다

활짝 피었던 달맞이꽃
아쉬운 이별을 고한다

지구의 호흡 소리가
거칠게 시작된다

정동진의 모든 일상이
어제와 같이 수많은 인파의
발걸음으로부터
그 막이 오르고 있다

일기

나를 조각한다

탄탄대로 인도하소서
거울 앞에서 기도 드리며

자화상을 다루던 연필 끝이
푸른 피로 힘줄을 주름잡는다

배신과 절망 사랑과 질투
삶이 여문 유산을 눈물에 남기려고

상처투성인 손으로
심장을 그리며

세파의 어귀에서 역사를 쓴다

거울

수없이 많은 흰 구름을 가지고
무너지는 파도에도
얼굴은 깨어지고 있다

스쳐가버린 수많은 눈동자처럼
멀리 또 가까이에서 조금씩 무너져 오는
둘레의 물상들

누가
보내주었는가
이렇듯 잔잔한 물주름을

온갖 아늑한 산 것의 목소리
잉태만으로는
움직일 수 없는 원근들

처음은
빛나는 돌멩이었다

흰 구름 그의 안으로 들어가고 있는
깊은 우물 속에는
파열하고 있는 물결이었을 것이다

편지

당신의 편지를 기다렸습니다

갈등으로 괴로운 날
외롭고 추운 날
선명하게 길을 열어 주시는 편지
마음 붙일 곳 없어
이리저리 떠도는 마음을
바위처럼 든든하게 붙잡아 줄 믿음의 편지

늘 어리석게 당신의 편지를 기다렸습니다

그러나 기다림의 끝에서
편지를 기다리고 계심을 깨달았습니다

순수한 마음을 열고
먼저 진정한 뜨거운 마음을 담아
당신께 편지를 보내는 것임을 알았습니다

무제(無題)

그리움과 외로움이 교차된 지역에서
지워져야 할 모습들을
좀더 더듬고 싶습니다

황혼이
머리에 갖가지 사연을 붉게 비출 때
다시 한번 굳은 신념을 세워야 하겠습니다

고독이 정다워질 때까지
묵묵히 가슴에 주름을 잡고 싶습니다

별이 뜬 그대로
하늘가 언저리에
아쉬움과 안타까운 이야기를
곱게 쌓아 묻어 두고 싶습니다

장날

물건을 팔고 사기 위해서
모인 것이 아니다
스스로의 공백을 메우기 위해
이렇게 웅성거리는 것이다

어둠 속에 홀로 서 있어 보라
고독이
가슴을 파고들 것이다
울음으로 고독을 씹는
한 판의 연극무대 위에
실낱 같은 생명들이다

장날
장날은 외로움을 잊는 날이다
더 외로운 날이다

어느덧

자식이 장성하였다
얼마 후면
결혼하여 자식을 낳겠지
알콩달콩 살다 보면 오늘의 부모 심정 알고
왜 그랬을까 할까

이미 되돌릴 수 없는 시간
돌이켜보며 아 그땐 몰랐었다고
생각할까?

자식들의 모습을 보고
모두 다 내 몫의 추수인 것을
사랑은 사랑으로 거두고
미안한 마음은 죄송함으로

지천명(知天命)의 나이가 되어서
내 부모님에 대한 마음이
석류알 깨듯이 털어진다

장성한 자식들의 어깨를 보면
힘세 보여 대견도 하지만
품안의 자식 생각하며
뒤돌아서서 못다한 말
자동차 핸들에 쏟아 붓는다

도시의 눈(雪)

함박눈이 쏟아져 내린다
도시의 거리가
녹아져 내리고
교만한 빌딩들도 고개를 숙인다

어른 아이들
모처럼 흰 눈을 가슴 가득 안고
하얗게 골목을 누빈다

질주하던 도시의 차들도
겸손하게 조심조심 망설인다

서울 부촌에도 안산의 빈촌에도
변절자의 집 뜰 위에도
흰 눈은 같은 색으로
포근히 쏟아져 내린다

흰 눈이 다시 녹아 내리면
또 다시 충혈된 눈으로
이웃을 흘겨 보겠지

겨울 목련나무

은빛 햇살
소망 담은 가슴으로 받아
꼭꼭 채우며
그날의
순백의 겸손함을
이 겨울 감당 못할 아픔
소중함으로
조각난 흠도 티도
빛의 눈물로 감싸며
바람에 싸인 세월의 두께로
낮아지고
한 번 더 낮아져
찬바람 속
가지런히 서서
수액의 정지하지 않음을
감사함으로
순백의 그날을 기다리는
겨울 목련나무

겨울 바다

철새처럼 왔다가 가버린
시간의 텅 빈자리
추억이 뒹구는 모래사장
엄마 찾는 아가 눈 속의 눈물처럼
파도는 일렁인다

이끼낀 바위 그 위에 앉아
태고의 환상을 쪼아내는 물새들
썰물이 다하도록 제자리에 앉아
텅 빈 바다를 향해
이방인처럼 자기들만의 언어로 속삭인다

잔솔 사이로 거닐며
수평선 너머의 전설을 캐는
겨울 나그네
마른 가지에 얹힌 눈송이마다
초승달 걸리면

휘파람 소리 같은 찬바람 속으로
뱃고동 소리 하나
겨울 바다 위에 눕는다

12월에

오늘 아침까지
마구 달려왔다
무수한 꿈을 꾸면서

살아간다는 기다란 선 위에서
청량고추보다 매운 날
찢기고
할퀸 자국으로

바쁘고 쫒기는 일상
실패는 있으나 패배는 하지 않은
아직도 희망이 있는 12월

두려워하지 않았던 세월에
등 기대어 헛헛한 마음 씻어버리고
가는 것은 가게 버려두고

넉넉한 세상 큰 웃음소리로
눈부신 햇살 퍼 담으며

부대끼며 살다
땅바닥에
엎어질지라도

보이지 않는 곳에 아직도 끝이
남아 있어

세상은 한번 살아볼만 하다

우정

정을 나눌 때마다
새로운 피를
동경과 함께 그득히 담아

언제나 불 같은 맘을 서로에게
가져다 주기에

잡으려고 하며
푸른 행복만이 눈에 넘치는 것이
우정의 교차점

팽팽해져 가는 풍선처럼
끝내 터져서 없어진다 해도
이 삶의 한 모퉁이의 참 인연을

사나운 뭇바람 속에서도
오늘도 양지를 찾아
순진한 대화로 귀족의 멋을 우린 꿈꾼다

모래

만날 수 있는 기쁨으로
어제와 오늘 내일이
짧은 시간
순간의 긴 여백이 잠재운
전류의 흐름을
가쁜 숨으로
정지된 가슴 끌어안고
줄 수 있는 마음 가득
비맞은 나비의 날갯짓으로
정지된 가슴을
모시적삼으로 끌어 안습니다

남아 있는 시간은
빛나는 사랑입니다

새해에 드리는 기도

동해의 솟는 해처럼
새로운 마음을 모아
뜨겁게 기도합니다
바다 빛보다 더 짙은
초록색으로
깊은 데서 높은 곳에서
세상의 문을 잠그고
은밀하게 기도합니다

떠돌다 간 마음
조각 구름으로 모아
마른 땅에 빗물되게
하늘을 향하여 기도합니다

찢기운 마음 할키운 상처
새해엔 흠 없이 지워버리고
빈 맘으로 호수처럼
오직 하나님만을 모시고
기도합니다

낙엽이 떠나가는 가을에도
상심하지 않고
목청을 돋구워

귀촉도처럼
기도합니다

* 귀촉도(歸蜀道) : 새 이름(두견이)

착한 서정

윤 석 산
(시인 · 한양대 한국언어문학과 교수)

1

시에 있어 서정성(抒情性)은 가장 기본적인 사항이다. 그러면 '서정성'이란 무엇인가. 이러한 문제에 관하여 일찍이 문학이론가들은 '세계의 자아화(自我化)'라고 말하였는가 하면, 또 '자아와 세계의 동일성'이라고 언급한 바 있다.

다시 말해서 서정성이란 '자아'라는 주체와 '세계'라는 개체의 관계 설정 위에서 이룩되는 것이라는 이야기이다. 즉 자아라는 주체가 세계라는 개체와의 관계에서 갈등을 일으키거나 대립의 상대를 지니는 것이 아니라, 서로 동화하고 융화하여 일제의 간격이 없이 되는 상태를 의미한다고 말하고 있다.

이렇듯 문학이론가들에 의하여 제기되었던 '서정'에 관한 견해는 그간 많은 논의의 대상이 되어 왔다. 과연 '서정'이란 이러한 문학이론가들이 말한 바와 같이 주체와 객체가 어떠한 갈등도 일으키지 않고 일체화를 이루는 것만을 말하는가 하는 문제를 놓고 많은 논란을 불러 일으켰다.

특히 서정의 대표 양식이라고 할 수 있는 시에 대한 고정적, 관습적 관념이 무너지고, 시의 새로운 형식이 요구되는 오늘이라는 시대에 더욱 이와 같은 문제는 심각하게 표출이 되고 있다.

그러므로 자아라는 주체와 세계라는 객체가 서로 일체화한다거나 융화를 이루는 것이 서정이라는 믿음만을 바탕으로 시를 창작하는 경우, 시는 가장 전형적인 모습이 된다고 말하고들 있다.

그런가 하면, 이에 드러나는 시적 모습 역시 때때로 독백주의로 떨어질 수 있다고 지적하고 있다. 이렇듯 전형적인 틀 속에서 독백주의로 떨어질 가능성이 있는 서정은, 그러므로 '착한 서정'의 모습을 띨 수도 있다.

김영순의 시들은 바로 이와 같은 가장 전형적인 서정의 모습에 안주된 작품들이라고 하겠다. 그러므로 자아와 세계가 일체화된, 주체와 객체가 융화된 모습을 보고 있음이 김영순 시의 대체적인 모습이 된다.

누굴 위하여도
그 복된 문을 닫은 적이 없는

가을
봄
여름
겨울

청명한 하늘의 눈망울 속에
내가 서서
푸른 하늘을 안아보면

지워도 지워도

서려나는 무지개

가난한 마음속엔
끝없이 뻗어가는 빛이었다.
—〈하늘 · 1〉 전문

하늘은 우리의 머리 위에 있으며, 우리의 꿈, 또는 이상이 되는 것이기도 하다. 그런가 하면 종교적으로 하늘은 신이며, 새로운 세상이 된다. 즉 지상의 삶이 아닌 다른 차원의 삶이 있는 곳이라고 종교에서는 가르치고 있다.

이와 같은 '하늘'을 시인은 "누굴 위하여도 / 그 복된 문을 닫은 적이 없는" 무엇이라고 노래한다. 그러므로 이러한 하늘은 늘 우리에게 꿈과 희망을 주는 "지워도, 지워도 / 서려나는 무지개"이다. 그런가 하면, "가난한 마음속엔 / 끝없이 뻗어가는 빛"이기도 한 것이다.

즉 시인은 하늘에 대한 숭고한 믿음이라는 '자아'와 '하늘'을 일체화시키므로, 머나먼 창공으로 우리의 머리 위에 자리하고 있는 하늘을 내면화시키고 있다. 이러한 하늘에의 내면화는 궁극적으로 시인이 지닌 삶이며, 나아가 신앙의 한 표현이기도 한 것이다.

이와 같은 모습은 다음의 시에서도 그대로 드러나고 있다.

은빛 햇살
소망 담은 가슴으로 받아
꼭꼭 채우며
그날의
순백의 겸손함을
이 겨울 감당 못할 아픔
소중함으로

조각난 흠도 티도
빛의 눈물로 감싸며
바람에 싸인 세월의 두께로
맞아지고
한 번 더 낮아져
찬바람 속
가지런히 서서
수액의 정지하지 않음을
감사함으로
순백의 그날을 기다리는
겨울 목련나무

—〈겨울 목련나무〉 전문

봄이면 화려한 꽃을 피우는 목련나무가 겨울, 혹독한 추위 속에 뿌리를 내리고 서 있다. "감당 못할 아픔"으로 겨울은 다가와 시련을 주고 있다. 그러나 그 아픔마저도 소중함으로 받아들이며, "한 번 더 낮아져 / 찬바람 속 / 가지런히 서서 / 수액의 정지하지 않음"을 오히려 감사하고 있다.

그러므로 "순백의 그날을 기다리는" 그러한 마음을 겨울 목련나무에 기대어 노래하고 있다.

이러한 시에서 노래되고 있는 '견딤과 기다림', 그리고 이 '견딤과 기다림'을 삶의 한 모습으로 받아드리고 있는 모습에서, 시인의 일상이 어떠한 가를 찾을 수 있을 것으로 생각된다. 서정성은 자아와 대상 사이의 거리가 없어지는 순간에 발생한다. 즉 '찰라'라고 말할 수 있는 순간적인 초월을 통하여 자아와 거리가 사라지고, 이 순간 서정성은 생겨난다. 이 순간 대상은, 세계는 서정적 자아의 또 다른 자아가 된다. 즉 겨울을 견디고 있는 목련나무라는 객관적 대상을 자신의 견딤이라는 자아로 끌어들여 동일화를 이루고 있는 것이다.

2

김영순의 시는 대체로 두 가지 방향에서 노래되고 있다. 하나는 고향에 대한 그리움과 이 그리움을 동반한 귀향의식이고, 다른 하나는 계절을 바탕으로 한 삶에 대한 성찰이 된다. 그러나 이 둘은 궁극적인 면에서 서로 같은 것이라고 생각된다. 고향이라는 근원적인 그리움이나, 한 계절을 지나가며 느끼게 되는 자신의 삶에 대한 성찰은 궁극적으로 애잔한 슬픔과 연연함에 그 뿌리를 드리우고 있기 때문이다. 즉 애잔한 슬픔과 연연함은 고향, 어머니, 아버지, 또는 계절이 지닌 여러 대상과 함께 일체화를 이루며 서정성을 드러내고 있다.

파란 심장의 언저리를 스며드는
잠들고 싶은 고향

너를 맞으러 창가에 선다.

꽃잎은 피고 지고
흐르고 흘러간 구름의 합창

뭉클거리는 푸르름에

어머니…

손을 펴 하늘을 안아보고
청잣빛 호흡에 젖어

내 마음은 익는다.

—〈하늘·2〉 전문

흔히 현대인에게 고향이 없다고 말한다. 그러나 도시에서 태어났고 또 도시에서 살고 있다고 해서 어찌 자신의 근원이 되는 고향이 없겠는가. '고향'이라는 단어 한마디로만으로도 '고향'은 그 누구에게 있어서도 근원적인 그리움이 된다.

이러한 우리 마음속에 자리하고 있는 고향을 색감으로 표현한다면 과연 무슨 색이 될까. 시인은 이 고향의 색감을 '푸르름'이라고 말하고 있다. 푸르름이 지닌 그 색조가 시인에게는 아스라한 고향의 정취로 다가오고 있는 것이다. 그러므로 그 고향의 색조를 느끼고 싶어 시적 화자는 창가에 가 선다. 그리고는 하늘을 바라본다. 그 하늘에서 뭉클거리는 푸르름을 바라보고 고향과 함께 어머니를 떠올린다.

마음속 자리하고 있는 고향에의 그리움은 푸른빛으로 살아나고, 그러므로 "손을 펴 하늘을 안아보고 / 청잣빛 호흡에 젖어" 보기도 한다.

하늘에서 뭉클거리는 푸르름마냥 뭉클거리는 그리움, 그 근원적인 그리움에 젖으며 시의 화자는 마음을 익혀가고 있다. 고향으로 돌아가고픈, 근원적인 삶으로 가고픈, 그래서 그러한 마음을 지고 살고 싶은 그 마음을 새삼 익혀가고 있는 것이다.

어머니와 들길을 가면
가슴은 바다보다 넓어지고

어머니와 산 위에 서면
하늘보다 높아진다.

어머니의 별빛을 안고 가는 밤엔
내 노래가 메아리처럼
멀어져 간다.

―〈어머니〉 전문

어머니는 나를 이 세상에 있게 하신 분이다. 어디 그뿐이겠는가. 어머니는 다름 아닌 우리 사랑의 모습이다. 늘 어머니라는 말을 머리에 떠올리면, 자신도 모르게 눈가에 눈물이 맺힌다. 그런가 하면, 어머니를 떠올리면 그 자애로움으로 가슴이 훈훈해진다.

이러한 어머니를 생각하며, "가슴은 바다보다 넓어지고", "하늘보다 높아진다."고 노래하고 있다. '바다'와 '하늘', 모든 큰 것을 이야기할 때 비유되는 가장 일반적이고 또 보편적인 상관물이다.

그러므로 이와 같은 대상을 비유하여 쓸 때에는 시가 지닌 맛이 상실될 수가 있다. 너무 일반적이기 때문이다. 그러나 이 일반적이고 상투적인 비유를 통해 어머니가 지닌 모습을 노래하는 이 시는 결국 어머니는 그 무엇으로도 비유할 수 없는 존재라는 의미를 지니기도 한다. 그러므로 "어머니의 별빛을 안고 가는 밤엔 / 내 노래가 메아리처럼 / 멀어져 간다."라고 노래하고 있다.

어머니의 별빛, 그 별빛을 안고 가는 밤길. 그 누가 메아리처럼 멀어지지 않겠는가.

먼 길 익어가는 계절 위에 서면
그리운 당신

눈발 같은 머리카락 흩날리시며

머언 소롯길에
해 넘은 길에

몇 번이고 정다운 이야기를 되씹으며
자전거를 타시고 가시던 신작로를
바라보며

눈을 감고
그려보는 허허로운 가슴속엔
진회색 구름이
흘러갑니다.

들국화 무더기로 활짝 피어
누렇게 익은 벼이삭과 내기하던 때가
당신의 생신입니다.

좋아하시던 막걸리 그곳에도 있는지요.

—〈아버지께〉 전문

어머니, 아버지에 대한 회상은 고향에 대한 그리움과 함께 늘 자리하고 있다. 들국화가 피는 계절이 오면, 그때가 생신이셨던 아버지를 생각하게 된다고 화자는 말하고 있다. 그러므로 눈을 감으면, "허허로운 가슴속엔 / 진회색 구름이 / 흘러간다."고 노래하고 있다.

고향과 어머니, 그리고 아버지에 대한 그리움, 어린 시절 아버지께서 자전거를 타고 가시던, 지금은 아버지의 자전거가 아닌, 낯선 차들만이 씽씽거리며 달려가는 신작로를 바라보면, 이제는 이 지상에 안 계신 아버지 생각이 더욱 나고 있는 것이다. 그러므로 지금 아버지가 가 계신 그 곳에, "좋아하시던 막걸리 그곳에도 있는지요."라고 마음으로 묻고 있다.

고향과 어린 시절, 그리고 어머니, 아버지에 대한 그리움은 인간의 가장 원초적인 그리움이 아닐 수 없다. 이와 같은 원초적 그리움을 김영순은 소박한 표현을 통해 담담히 노래하고 있다.

3

우리와 같이 네 계절이 분명한 지역에 사는 사람들은 대부분 그 계절에 대하여 민감하지 않을 수 없다. 언제고 다가오는 계절이지만, 찾아오는 계절은 늘 새롭기만 하다. 그러므로 그 계절 속에서 그 계절이 지닌 정서와 그 계절 속에서 만났던 많은 사연들을 생각하게 된다. 이와 같은 계절에의 상념을 김영순은 시로 쓰고 있다.

㉮ 갈색 마음으로
가로수 밑 수북 쌓여가는 낙엽을 본다
먼지처럼 뽀얗게 저무는 거리

늦가을 불타던 칸나의 정열이 사라진
껍질만 남기고 돌아가는 계절
속 털어 함께 울어주는 이 없는 시월

몇 자의 문자로 서러운 노래
한 수 날려 보낸다.

—〈시월의 정〉 전문

㉯ 가을을 걷어버린 들판은 텅 비었다.
나뭇잎엔 소리 없이 단풍이 들었다.
밤하늘의 별들처럼 가을은
흩어져 앉는다.

—〈가을〉 전문

㉰ 풀잎 속에 해가 피어
안개는 산마루를 넘는다

긴 날을 기다려 접어 둔 마음
하늘처럼 펴
눕는 숲 그늘

등꽃 지는 오월

―〈오월〉 전문

㉱ 밤새 내린 비에 찌든 겨울 먼지 씻긴
앙상한 가지에서 생명을 내미는 소리가 들린다
이제 나무는 연초록 진 잎사귀를 만들고

다시 검푸른 7월과 낙엽을 동경하며
짧은 추억의 꿈을 엮어 가고 있다.

―〈3월의 나무〉 전문

㉲ 검푸른 녹음의 껍질 속에
싸리꽃 칡덩굴꽃
연보라빛으로
칠월은 시작된다.

―〈칠월〉 전문

㉮와 ㉯는 가을을 노래한 시이다. ㉰는 오월을, ㉱는 3월, 그리고 ㉲는 칠월을 노래한 작품들이다.

작품 ㉮는 가을이 지닌 스잔함을 노래한 작품이다. 이와 같은 계절에 느끼는 공허함을 담담하게 노래하고 있다. 이 가을에서 느끼는 공적감을 김영순은 "껍질만 남기고 돌아가는 계절 / 속 털어 함께 울어주는 이 없는 시월"이라고 노래한다.

함께 속 털어서 말하고 또 울어주는 사람도 없는 그 공적감을 가을이 지닌 정취와 함께 더욱 실감을 하게 된다. 그런가 하면, 이 공허감은 누군가를 향해 "몇 자의 문자로 서러운 노래 / 한 수 날려 보낸다."라고 말하고 있다. 누군가를 향해 날려 보내는 문자 역시 공허하기는 마찬가지이다.

㉯ 역시 가을이 지닌 보편적 정서를 자신의 내면적 풍경과 함께 그려내고 있다. '텅 빈 들판'은 가을의 전형적인 한 모습이다. 이러한 가을의 모습에 아무 소리도 없이 단풍이 찾아와 나뭇잎마다 들었다. 이렇듯 가을은 소리도 없이, 또 아무도 모르게 우리의 곁으로 찾아와 있다. 가을 밤, 고개를 들어 밤하늘을 바라보면, 성긴 별들과 함께 마치 밤하늘은 가을의 허허로운 들판과도 같다.

가을이라는 계절에서 느끼는 허허로움을 노래하고 있다. 이 허허로움은 결국 '가을을 걷어버린 들판과 같은 텅 빈 내면' 화자의 내면을 객관화하고 있다.

㉰는 오월이라는 늦봄을 노래한 작품이다. "긴 날을 기다려 접어 둔 마음 / 하늘처럼 펴" 오월의 싱그러움으로 펼친다. 그 마음은 오월의 하늘도 되고, 또 이제 신록이 펴져가는 오월의 푸른 숲도 된다. '접어둔 마음을 펴는 오월', 등꽃이 지는 오월, 오월이라는 계절을 맞아 겨우내 웅크렸던 마음을 펴므로, 새로운 기대와 열망을 키우는 화자의 마음을 담아내고 있다.

㉱는 이제 막 겨울을 지내고 새롭게 맞는 봄 3월을 노래한 작품이다. 그러므로 "밤새 내린 비에 찌든 겨울 먼지 씻긴 / 앙상한 가지에서 생명을 내미는 소리"를 내밀하게 듣고 있다. 나무들이 연초록의 잎들을 만들어나가 듯이 마음 속으로부터 연초록의 새로운 꿈을 싹 티우는 계절 3월, 이제 다가올 싱그러운 7월을 기다리는 마음을 준비하는 계절

이 되기도 한다.

㉮는 여름이 시작되는 7월을 노래한 작품이다. "검푸른 녹음의 껍질 속", 아기자기한 "싸리꽃 칡덩굴꽃 / 연보라빛"으로 피어나는 싱그러움을 꿈꾸는 계절을 만끽하고 있다. 온 천지로 퍼져가는 여름의 녹음 속, 그 안으로 연보라의 빛을 띠고 피어나는 여름의 꽃들.

이 꽃들은 바로 자신의 마음에 자리한 그리움이기도 하다. 이렇듯 자신의 내밀한 그리움을 싸리꽃이나 칡덩굴꽃으로 환치시키므로, 칠월과 함께 시작되는 여름의 싱그러움을 맞이하고 있다.

김영순은 이와 같이 계절마다 만나는 그 계절의 특성을 객관적 사물로 시 속에 표현하고, 이어 자신의 내면적 진실을 이에 일체화시켜 노래하고 있다. 즉 세계를 자아화하므로 서정성을 획득한다고 하겠다.

4

앞에서 이야기한 바와 같이 서정이란 많은 연구자들이 언급한 바와 같이 '세계의 자아화', 또는 '세계와 자아의 동일성'을 이루는 데에 있는 것이다. 그러나 현대라는 오늘은 보다 많은 사유와 이 다양한 사유로 인하여, 이에 대한 시적 표현은 단순히 동일화나 자아화라는 일체성에서 끝나지 않고 있음도 오늘의 시적 모습이기도 하다.

특히 서정의 대표 양식이라고 할 수 있는 시에 대한 고정적, 관습적 관념이 무너지고, 시의 새로운 형식이 요구되는 오늘이라는 시대에 더욱 이와 같은 문제는 심각하게 대두되고 있다.

따라서 많은 서정의 양식을 지닌 시들은, 세계와 자아의 동일화뿐만 아니라, 세계와 자아의 괴리를 통한 보다 강렬한 정서를 이룩하는 시들 역시 많다. 자신의 내면을 객체와 동일화하므로 빚어내는 서정을 '착한 서정'이라고 말한다면, 세계와 자아의 괴리, 혹은 서로를 비틀어버리므로, 보다 강렬한 갈등을 일으키며 도달하는 시적 진실을 '나쁜 서정'이라고 부를 수도 있을 것이다.

흔히 '착한 남자'보다는 '나쁜 남자'의 코드가 더 매력적으로 다가올 수 있듯이, 오늘이라는 현대는 어떤 의미에서 '착한 서정'보다는 '나쁜 서정'이 더 커다란 감동의 진폭으로 다가올 수도 있다고 본다.

김영순은 지금까지 '착한 서정'을 주로 시에서 썼다면, 이제부터 '나쁜 서정'이 무엇인가 한번쯤 고만해 볼 때가 아닌가 생각한다. 자칫 지나친 일체화로 인하여 독백주의로 떨어질 수 있는 위험을 견제하며, 일컫는바 나쁜 서정의 긍정적인 면을 생각하기를, 김영순에게 진지하게 권유하면서 글을 마칠까 한다.